COME OTTENERE LA VERA LIBERTÀ FINANZIARIA

COME OTTENERE LA VERA LIBERTÀ FINANZIARIA

CONTENUTI

Capitolo 1: Cosa significa libertà finanziaria

Capitolo 2: Realtà dell'indipendenza finanziaria

Capitolo 3: Inizia il tuo viaggio sulla strada della libertà finanziaria

Capitolo 4: Suggerimenti per garantire un piano di indipendenza finanziaria di successo

Capitolo 5: Lavorare per raggiungere l'indipendenza finanziaria

Capitolo 6: Nuove tendenze verso la gestione finanziaria

Capitolo 7: Il denaro conta

Capitolo 8: Distinzione tra bisogni e bisogni nella vita per raggiungere la libertà finanziaria

Capitolo 9: Organizzazione dei debiti per la libertà finanziaria

Capitolo 10: Sei modi per insegnare ai bambini denaro e mercati finanziari

Capitolo 11: Indipendenza finanziaria per gli anziani

Capitolo 12: Indipendenza finanziaria e pianificazione pensionistica

Capitolo 13: La libertà ha un prezzo

Capitolo 14: Definizione degli obiettivi per l'indipendenza finanziaria

Capitolo 1: Cosa significa libertà finanziaria

Nel 21° secolo, i concetti di tempo e denaro vengono ridefiniti. "**Libertà finanziaria**" è un termine che ha acquisito grande importanza nel mutevole scenario finanziario.

"Libertà finanziaria" indica la libertà dalle responsabilità finanziarie in corso attraverso l'amministrazione pianificata e l'assetallocation. Libera una persona dal lavoro faticoso dandogli una fonte stabile di reddito per la vita.

Non si deve pensare che una persona esente da debito sia per sempre esente da debito. Tuttavia, la tua prudente gestione patrimoniale assicura che i tuoi debiti non diventino un onere, ma solo una parte delle spese generali. In questo modo, i tuoi debiti non ostacolano i tuoi obiettivi finanziari a lungo termine.

La libertà finanziaria non può essere equiparata all'essere ricchi. Non bisogna dimenticare che l'eccesso di ricchezza richiede una supervisione costante. A lungo termine, gli obblighi di un uomo ricco non ti rendono "**finanziario e libero**" nel vero senso.

Pertanto, la libertà finanziaria può essere definita come uno stile di vita che mescola spese e entrate in base alle preferenze individuali. Ciò rende la "libertà finanziaria" più possibile e conveniente.

La libertà finanziaria è la libertà del tempo

"**Il tempo è denaro**" è la convinzione generale nel mondo professionale. Questo atteggiamento non lascia spazio al tempo libero. Tuttavia, la libertà finanziaria ha cambiato questo concetto di lavoro, consentendo a una persona di godersi il tempo libero senza ostacolare in alcun modo il proprio reddito stabile. L'intero concetto di **"libertà finanziaria"** si basa su attività e investimenti che si combinano nel tempo per fare soldi. Si prende cura delle spese regolari e lascia una persona con tempo e denaro in mano. Una persona finanziariamente indipendente è libera dalle grinfie della routine del tempo per denaro.

Ottieni la libertà finanziaria

Per comprendere la **"libertà finanziaria"** devi abbandonare i concetti tradizionali di entrate e spese.

Ci è stato insegnato che il lavoro tempestivo genera denaro. La "libertà finanziaria" si oppone a questo concetto di scambio di tempo per denaro e lascia che il denaro funzioni per noi. Tuttavia, nonostante questo vantaggio, molti professionisti hanno difficoltà a lavorare senza una routine fissa.

Pertanto, per raggiungere la libertà finanziaria è necessario cambiare le sue vecchie mentalità e sviluppare un nuovo atteggiamento per guadagnare denaro. Bisogna rendersi conto che il denaro è semplicemente il mezzo per raggiungere i fini.

Bisogna anche ricordare che una persona non può essere giudicata in base al denaro che possiede. A meno che queste idee sbagliate non siano chiarite, lo scopo della libertà finanziaria sarà sconfitto poiché la soddisfazione è la parola chiave per libertà finanziaria.

Allo stesso modo, bisogna anche sbarazzarsi dell'atteggiamento negativo nei confronti del fare soldi. Mentre l'eccesso di domanda di ricchezza ostacola una sana relazione con le finanze, è necessaria una sana percezione del denaro per mantenere un equilibrio eccessivo.

Ricorda, uno guadagna i soldi per raggiungere gli obiettivi e, di conseguenza, è sano e normale fare soldi come quando si sente il bisogno di fare etica.

Alla fine, si può dire che la libertà finanziaria è lo stato mentale che lavora allo sviluppo attraverso un processo di auto-liberazione.

Capitolo 2: Realtà dell'indipendenza finanziaria

L'indipendenza è uno stato dell'essere che ogni essere vivente si sforza di raggiungere e mantenere per sempre. Dal momento in cui un bambino mette piede a scuola, viene fatto capire che la conoscenza che acquisisce da questo punto in poi è che usa l'intelligenza per modellare il proprio futuro.

Quando vivi con i tuoi genitori, tendi a dare molte cose per scontate. Una volta che inizi a guadagnarti da vivere, ti trovi di fronte a due aspetti diabolici: indipendenza finanziaria e responsabilità.

Fare soldi non è abbastanza. Molti fattori sorgono quando uno (a volte con arroganza) decide di separarsi dalla famiglia e trasferirsi nella propria casa.

Certo, ora non devi pensarci due volte sull'acquisto di quel paio di scarpe in più; dopo tutto, non c'è nessun genitore che aspetta a casa a guardare il pacchetto in mano.

Ma bisogna pensare alla bolletta dell'elettricità da pagare la settimana prossima, alla bolletta del telefono che ora sembra essere astronomica e ad altre spese da pagare. Il denaro guadagnato dopo ore di lavoro sembra essere dimenticato.

In Economia apprendiamo che un Paese cresce solo attraverso gli investimenti. E l'investimento è il risultato diretto dell'orrore.

Allo stesso modo, nel caso di un individuo, il suo stato finanziario cresce attraverso il risparmio. Parte di questi risparmi può essere investita in azioni e obbligazioni. E poiché le emergenze e gli incidenti non arrivano prima dei rimorchi, è necessario garantire la sicurezza sanitaria e altre assicurazioni.

Le donne in India dipendono finanziariamente dagli uomini da molto tempo: Prima come figlia del padre, in secondo luogo come moglie del marito e poi come madre dei loro figli.

Sebbene ciò abbia risparmiato loro la preoccupazione di guadagnarsi da vivere, ha anche avuto i suoi svantaggi. Una moglie maltrattata dal marito non è in grado di lasciarlo e sostenersi. Anche dopo il divorzio, è in balia di suo marito per il sostegno dei suoi figli.

Ma con i tempi che cambiano la moderna donna indiana sa come guadagnarsi da vivere. Il potere del denaro non manipola più la tua vita.

Vivere dagli altri porta disgusto e ridicolo. Pertanto, tutti dovrebbero lavorare per raggiungere l'indipendenza finanziaria.

Capitolo 3: Inizia il tuo viaggio sulla strada della libertà finanziaria

Per raggiungere la stabilità finanziaria e la sicurezza nella vita, è necessario pianificare e lavorare sodo nel tempo. Ma per semplificarti un po' le cose, ecco le funzionalità più importanti e comprovate nel tempo che potrebbero aiutarti a raggiungere i tuoi obiettivi finanziari.

La salute è ricchezza (abbi cura di te)

Questo può sembrare irrilevante, ma è molto rilevante. La buona salute ti assicura non solo di avere il vigore fisico e psicologico per affrontare e superare le sfide della tua vita, ma assicura anche che sarai lì ad assaporare il successo dei tuoi sogni.

Quindi fai controlli regolari con il tuo medico, vai e fai esercizio regolarmente e mantieni una dieta sana. E inizia presto. Meno cura hai ora, più difficile sarà il recupero.

Definisci la tua visione

Definire la tua visione del tuo lavoro e della tua vita è cruciale per il tuo successo. Cosa vuoi? L'indipendenza finanziaria, essendo il tuo capo, una maggiore sicurezza per la tua famiglia, una solida piattaforma di lancio per i tuoi figli? Qualunque cosa sia, dovresti sempre mettere la tua visione a fuoco.

Rafforza la visione e il suo ruolo in molti modi e in tempi di difficoltà cerca guida e conforto da essa.

Investi saggiamente i tuoi soldi

Anche se le tue entrate maggiori dovrebbero provenire dal lavoro corrente, ciò non significa limitare le possibilità di guadagno. Dovresti cercare di aumentare le tue entrate investendo i tuoi soldi in modo saggio e redditizio. Potrebbe essere una buona idea quella di avviare un business che ti appassiona; in caso contrario, si potrebbe investire nel mercato con opzioni di sicurezza.

Risparmia i tuoi soldi

Un buon modo per costruire una solida base finanziaria è quello di abbracciare la vecchia mentalità del risparmiatore. Alloca una certa percentuale del tuo reddito regolarmente, e prenota questo denaro ogni mese, ogni volta che riceve fondi e paga.

Un modo conveniente per evitare acquisti compulsivi e la trappola della cattiva gestione del budget è quello di ricordare sempre di pagare prima il tuo conto di risparmio. Questo evita spese inutili e copre le contingenze che possono sorgere. Sebbene l'interesse su un conto di risparmio sia inferiore rispetto ad alcuni altri investimenti, l'allocazione separata del risparmio è l'opzione più sicura.

Tratto del potere: spendi saggiamente i tuoi soldi

Differenzia le tue spese ed evitare estranei. Prima di qualsiasi acquisto, chiediti se hai davvero bisogno di. Sii fedele a te stesso e alla tua visione: "Ne ho davvero bisogno?" Solo tu puoi rispondere a questa domanda, ma devi essere fedele a te stesso e alla tua visione dell'indipendenza finanziaria.

Capitolo 4: Suggerimenti per garantire un piano di indipendenza finanziaria di successo

Anche se si dispone di un certo insieme di piani finanziari, gli investimenti nel mercato immobiliare o nel pensionamento, dovrebbero cercare di coordinare questi flussi per massimizzare i profitti.

Per aiutarti a raggiungere questo obiettivo, tieni presente i 7 passaggi cruciali di pianificazione finanziaria che permettono di raggiungere gli obiettivi entro il tempo che si richiede, con i benefici fiscali e il minimo rischio:

1) Fondo cassa per emergenza: Destina 3-6 mesi del tuo stipendio in un conto che può prelevare denaro in tempi brevi, senza incorrere in alcuna penalità. Per eventuali spese impreviste a breve termine, cerca di evitare l'uso di carte di credito e utilizza invece questo denaro.

2) Gestione dei rischi: l'assicurazione è la forma più sicura di gestione dei rischi. Pertanto, assicurati la tua auto, la tua casa e altri beni importanti. È anche possibile considerare l'assicurazione sulla vita per aiutare a compensare la perdita di reddito e pagare i debiti in caso di morte. Mentre finalizzi la tua opzione assicurativa, scegli sempre il tipo di assicurazione che si adatta alle tue esigenze e prepara la quantità necessaria di copertura che è conveniente.

3) Piano di successione: Le caratteristiche di base di un piano patrimoniale sono una volontà e una procura duratura come fornitura per le vostre cure mediche e finanziarie.

4) Definizione degli obiettivi: Questo è il quadro di coordinamento del piano finanziario. Ogni volta che si punta ad uninvestimento, consulta il tuo obiettivo generale. Chiediti se tale investimento è favorevole o no al raggiungimento del tuo obiettivo. Questo impegno ti permetterà di essere concentrati.

5) Investimenti: Occorre avere un piano di investimenti di atti personalizzato per soddisfare gli obiettivi e mantenere l'elemento di rischio entro limiti accettabili. Senza questo, i tuoi investimenti saranno soggetti ai capricci dell'economia anziché essere diretti dalle tue esigenze.

6) Piani pensionistici: Le entrate per integrare la previdenza sociale provengono da piani a contribuzione definita e piani previdenziali. Durante la tua vita lavorativa, cerca di dare il maggior numero possibile di contributi annuali a questi piani definiti. Questi fondi crescono rapidamente a causa dei differimenti fiscali e, poiché sono ottenuti direttamente dal tuo suolo, sono relativamente indolori.

7) Pianificazione fiscale: Ciò significa trarre vantaggio da tutte le possibili detrazioni fiscali e piani fiscali differiti consentiti dalla legge, nonché utilizzare crediti d'imposta ovunque tu sia idoneo. Un buon piano fiscale può farti risparmiare migliaia di dollari in tasse.

Se ritieni di non poter gestire tutto da solo, cerca i servizi di un consulente finanziario pagante o di un coach finanziario per progettare un piano globale basato sulle tue risorse e necessità.

Ricorda: La tua sicurezzafinanziaria dipende dal corretto coordinamento di questi passaggi atti a prepararsi per la creazione di ricchezza.

Capitolo 5: Lavorare per raggiungere l'indipendenza finanziaria

Molti di noi possono parlare di indipendenza finanziaria, ma la domanda è: quanti di noi la realizzano davvero?

Pochissime percentuali di noi sanno come realizzare un piano solido e ancora meno possono essere disciplinati nell'esecuzione del piano. Fai attenzione e considera il programma di gestione del denaro in quanto ti aiuterebbe a diventare finanziariamente indipendente.

Qualsiasi tipo di pianificazione finanziaria inizia con una corretta gestione del denaro. Mentre costruisci il tuo piano, assicurati di lavorare su due aspetti importanti. Innanzitutto, affronta il problema di trovare il fondo per supportare i tuoi piani e, in secondo luogo, ottenere i tuoi soldi pianificati in modo da raggiungere i tuoi obiettivi.

Questo denaro ti aiuterebbe a mantenere importanti opportunità. Devi essere un po' sorpreso se ti rendi conto che ognuno di noi ha una sorta di gestione del denaro. Esistono diversi metodi per una buona gestione del denaro. È importante avere un approccio organizzato al piano e trarre il massimo profitto. Concentrati sull'identificazione delle tue spese in modo da sapere esattamente quanto investire.

Se stabilisci un obiettivo, ti darà uno scopo da investire. I tuoi piani potrebbero sovrapporsi, quindi tieni presente che i tuoi obiettivi potrebbero sovrapporsi.

Ad esempio, il piano pensionistico può sovrapporsi al piano di investimento e di gestione del denaro.

Ormai devi aver capito che la gestione del denaro è importante per i futuri obiettivi finanziari.

Attenersi a un piano di gestione del denaro realistico. Considera come raccogliere i fondi. I tuoi obiettivi devono essere specifici. Dai la priorità ai tuoi obiettivi per facilitare il viaggio.

Siamo spesso ingannati da poche nozioni preconcette come vivere nel momento. Non ci rendiamo conto che c'è un futuro che ci aspetta. È importante avere un approccio organizzato.

Se non hai un approccio organizzato, potresti trovare l'arte in qualche tipo di problema.

Dovresti pagare tasse extra. Ti esporresti inutilmente a rischi finanziari.

Mancanza di fondi per l'istruzione superiore dei tuoi figli. Vecchiaia insicura a causa della mancanza di pianificazione.

E proprio il contrario sarebbe il caso se un piano di gestione del denaro organizzato è stato elaborato al momento giusto. Il miglior risultato di una corretta gestione del denaro è che si è in grado di far fronte alle spese di lungo e breve termine.

Capitolo 6: Nuove tendenze verso la gestione finanziaria

L'insicurezza economica sta rapidamente aumentando nel cuore delle persone che, data la possibilità di essere vicini al fallimento, a causa dell'aumento del costo della vita e della mancanza di disponibilità di posti di lavoro ben pagati, stanno concentrando la loro attenzione sulle alternative, sul mercato, per aiutarli a badare a se stessi e alle loro famiglie.

Per questo motivo, molti sono alla ricerca di qualsiasi fonte di reddito secondaria o stanno pianificando misure di sicurezza per sostenere un'emergenza finanziaria come la perdita del lavoro.

Altri che già soffrono presso le mani di tendenze sociali, stanno disperatamente cercando di far quadrare i conti e cercare l'opportunità di riavviare le loro carriere. Ci sono anche altri che, seguendo le linee guida del mercato, sono riusciti ad accumulare denaro e stanno cercando di trarre vantaggio dalla loro buona serie, sperando che i loro anni futuri siano al sicuro.

Servizi molto richiesti

Quindi è molto importante scegliere il tipo giusto e la professione giusta.

Che si tratti di un'azienda sit-at-home o di un'azienda rigorosa sul campo, nient'altro garantisce il successo se non la domanda del mercato, anche nel mezzo di una crisi economica su vasta scala.

Dal momento che il mondo di oggi è completamente governato dai poteri della tecnologia, in particolare del computer, avere un lavoro che ti tiene sotto controllo dei tuoi mali, come il furto di identità e problemi di computer generali, è un modo sicuro per trovare successo.

Proprio come con le automobili, le persone le usano ogni giorno, ma non sanno come mantenerle e controllarle. Quindi, quando le cose vanno male con i computer, non importa quanto sia grave la situazione, saranno molto richiesti.

Le migliori possibilità di successo

Quindi, mentre chiunque abbia un po' di fortuna e ricerca può avere successo, le persone con esperienza in servizi di informazione, vendite e pubblicità o coloro che sono dilettanti hanno la possibilità garantita di avere successo.

Le possibilità sono ancora più favorevoli per i soli proprietari di piccole imprese, in quanto possono utilizzare tali prodotti sul proprio sito Web per guadagnare di più.

Dove cercare

Se stai cercando una vittoria salutare, l'opzione migliore per te è quella di unire le mani in associazione con un'azienda solida e rispettabile, che ti aiuterà a massimizzare i tuoi profitti e ti aiuterà a raggiungere un futuro economico sicuro. Ma prima di aderire, rivedere i piani di rimborso dell'azienda e i sistemi di supporto in modo da poter ottenere l'offerta migliore e più sicura da questa azienda.

Capitolo 7: Il denaro conta

Con il rapido aumento dei costi e degli standard di vita, il fallimento sta diventando un fenomeno abbastanza comune, prestiti, commissioni sulle carte di credito, commissioni, ecc.; l'elenco continua. Se non sai come gestire le tue finanze e lo stress si accumula, potresti iniziare a pensare che la richiesta di fallimento sia l'unica via d'uscita.

È importante capire che questa dovrebbe essere la tua ultima risorsa. Prima di allora, si dovrebbe fare consulenza e gestirele carte di debito conuna migliore gestione del bilancio.

È anche possibile interrogarsi circa i piani di insediamento di debito e vedere se funzionano. Chiedi a un consulente che ti aiuti a trovare le cose. Ma ricorda che un piano di insediamento di debito ti darà solo una pausa. Non sarà realee i problemi non svaniranno da soli.

Ricerca un consulente con esperienza sufficiente. Ottenere referral da persone che conosci è una buona idea. Il consulente del debito negozierà con i finanziatori per abbassare le commissioni e i tassi di interesse.

In secondo luogo, ti aiuterà anche a consolidare tutti i tuoi debiti in un unico importo. In questo modo, non devi preoccuparti di gestire le tue commissioni. È necessario solo per l'importo dovuto. Ti aiuterà a mettere in ordine i documenti e le domande. Tutto ciò può aiutarti a riguadagnare la tua posizione finanziaria in un periodo di tempo relativamente breve.

Naturalmente, ci sono alcuni requisiti minimi per accedere al programma. Se ti qualifichi per il programma, il tuo budget mensile verrà barrato e una somma di denaro richiesta verrà messa da parte per i tuoi pagamenti. La sistematizzazione delle cose ti aiuterà a tornare sulla strada giusta.

Se sei stanco di pagare le bollette che si accumulano davanti al tuo viso, è tempo di ripensare un po' alla tua vita. Iscriversi al suddetto programma è un buon primo passo. Essa vi darà una nuova e positiva direzione nella vostra vita.

È fondamentale gestire i nostriprestiti correttamente e se non si può fare da sé, non si deve esitarenel chiedere aiuto. È importante fare queste cose bene, se non vuoi mettere a repentaglio tutto ciò che conta per te.

La gestione del denaro è un'abilità molto importante. Bisogna insegnare l'importanza di risparmiare denaro e pianificare un budget dall'inizio della vita. Fai attenzione ai passaggi prima di dover imparare queste lezioni nel modo più difficile.

Ma se sei nei guai, non pensarci due volte sull'assunzione dell'aiuto di un consulente del debito. Ti daranno un piano per le tue esigenze specifiche e personalizzerannoil tuo piano con saggezza.

Uno dei piani più popolari può farti recuperare finanziariamente in appena cinque anni.

Ma ricorda che devi voler uscire dai guai e di conseguenza starne fuori.

Devi avere una forte determinazione a mantenere in ordine le tue finanze e non sprecare cose che alla fine non puoi permetterti.

 COME OTTENERE LA VERA LIBERTÀ FINANZIARIA

Se riesci a ottenere una seconda possibilità nella tua vita finanziaria, non sprecarla. Impara a essere prudente in materia monetaria prima che sia troppo tardi.

Capitolo 8: Distinzione tra bisogni e bisogni nella vita per raggiungere la libertà finanziaria

La libertà e la sicurezza finanziaria derivano dalla regolamentazione delle vostre esigenze e desideri in modo prudente.

Il denaro offre sicurezza, ma toglie anche sicurezza se viene speso per cose sbagliate. Per affrontare questa situazione paradossale, è necessario comprendere e seguire le differenze fondamentali tra bisogni e desideri nella vita.

È importante gestire il denaro in modo tale da non dover chiedere prestiti a qualcun altro in caso di carenza. Queste situazioni possono essere evitate se si possono evitare determinati lussi nella vita e invece concentrarsi sul risparmio di denaro per soddisfare le necessità di base della vita.

Se non hai abbastanza soldi per condurre una vita normale e confortevole, finirai per condurre una vita inibita e spiacevole. Finirai anche per fare il lavoro sbagliato e questo ti renderà infelice e insoddisfatto. Se non c'è sicurezza nella tua vita, diventerai anche meno attivo nella tua vita. Ti impedirebbe anche di fare ciò che vuoi veramente fare nella vita, limitando le tue opzioni e limitando il tuo stile di vita.

I lussi della vita possono essere in gran parte evitati fintanto che hai i bisogni di base in atto. I lussi sono accessori e possono aspettare un po' di tempo mentre abbiamo abbastanza soldi in tasca.

Questo può sembrare restrittivo per molte persone. Potrebbero anche sostenere che non ha senso aspettare un futuro fantastico quando hai soldi per soddisfare tutte le tue esigenze e desideri. Prima di tutto, devi capire che il denaro non può garantirti nulla nella vita.

Il denaro non è fine a se stesso. Spetta a ogni persona gestire saggiamente il denaro per raggiungere i propri obiettivi. Devi essere rigoroso con i tuoi soldi e spenderli solo per cose di cui non puoi fare a meno.

Questa logica si applica non solo agli adulti, ma anche a studenti e bambini. Il valore del denaro deve essere percepito in tenera età in modo che il tuo intero mondo non ruoti attorno al fare soldi. Ci sono altre cose nella vita che non sono solo soldi.

Se sai esattamente cosa vuoi e cosa vuoi diventare nella vita, puoi lavorare per ottenerlo e far uscire le cose da lì. Una volta che sei finanziariamente sicuro e indipendente, puoi vivere la vita come vuoi.

Questo non significa che vivi una vita lussuosa spendendo denaro per cose indesiderate. Data la differenza tra desideri e fini, puoi condurre una vita piena e disinibita.

Capitolo 9: Organizzazione dei debiti per la libertà finanziaria

Gli ultimi dati diffusi dalla Federal Reserve, l'organizzazione che tiene traccia e registra tutti gli affari monetari negli Stati Uniti, rivelano che gli americani devono più di $ 2 trilioni sulle loro carte di credito e che il debito totale di ogni persona nel paese ammonta a più di settemila dollari.

Questi numeri sorprendenti di debito con carta di credito negli Stati Uniti sono destinati a colpire tutti. Quali sono quindi le soluzioni disponibili?

Potrebbero iniziare seguendo i seguenti suggerimenti, che li aiuteranno a gestire efficacemente le loro responsabilità finanziarie: Organizza il tuo debito in essere - Inizia facendo il punto su ogni singolo obbligo di rotazione che hai. Ciò include tutte le vostre carte di credito e di debito. Tabulare e registrare le passività in base a piani di pagamento, fatture, ecc.

La contabilità dei tassi di interesse applicabile va calcolata con l'importo esatto.

È importante conoscere il tasso di interesse dei debiti mensili, poiché è il costo continuo che si incorre in un debito continuo ogni mese. Pertanto, è vantaggioso per voi se si può rimborsare l'interesse del prestito il più presto possibile.

Quindi, mentre stai effettuando i pagamenti, prova a inviare l'importo massimo possibile al creditore con il tasso più alto, anche se ciò significa che ti restano solo i pagamenti minimi dovuti al resto. In questo modo, una volta pagato il debito con l'interesse più elevato, è possibile seguire la stessa politica per il prestito con il tasso di interesse più alto successivo.

Negoziare per tassi di interesse più bassi: prova a mantenere una cronologia dei pagamenti senza macchia, quindi chiama o incontra i tuoi istituti di credito e chiedi loro di abbassare il tasso di interesse. Poiché è costoso per i finanziatori trovare nuovi clienti, se la tua affidabilità creditizia è dimostrata, cercheranno sempre di trattenerti.

Di conseguenza, la maggior parte degli istituti di credito si basa suclienti in buone condizioni per usufruire di tariffe ridotte.

Tuttavia, una volta che accettano di abbassare la tariffa, assicurati di pagare le bollette in tempo; in caso contrario, potrebbero ritirare la struttura e aumentare nuovamente il tasso di interesse applicabile.

Usare contanti quando si può - è molto più facile usare una carta rispetto al portamonete o assegno, la maggior parte di noi èabituataad usare le carte, ma cerca di coltivare l'abitudine di scrivere un assegno e pagare in contanti invece di usare istintivamente la tua carta di credito.

Tenete a mente che un acquisto con carta di credito non è un dono, ma un prestito. Quindi sii ben informato quando usi la carta: preferisci non usare affatto la carta se non puoi permetterti la responsabilità.

Ricorda che è meglio non spendere tutto piuttosto che spendere così tanto che inizia a farti del male.

Se puoi organizzare le tue finanze, minimizza i tuoi costi e rendili proporzionali ai tuoi guadagni, sarai sicuro di mettere in ordine le tue finanze ed evitare eventuali problemi in futuro. Se ci pensi, la libertà finanziaria non è un lavoro così duro e ne vale la pena.

Capitolo 10: Sei modi per insegnare ai bambini denaro e mercati finanziari

Se avete intenzione di insegnare al vostro bambino come gestire il denaro, quindi il modo migliore per farlo è quello di iniziare a pagare i debiti a breve. Quando il denaro conta, i bambini devono avere un'esperienza di prima mano. Se lo fanno, capiranno cosa serve per fare lo scambio.

Se tuo figlio vuole qualcosa da te, invece di acquistarlo, dagli i soldi. Si renderà conto da sé se essa è importante o meno, ma ancor meglio, imparerà la gestione del denaro.

Quando un bambino raggiunge una certa età, dovrebbe sfrecciare e rendersi conto delle proprie inclinazioni e lasciare che il bambino assista il denaro stesso. Lascia che il bambino acquisti i suoi bisogni primari, come gli accessori per la scuola. Ma assicurati che il bambino conosca i suoi limiti. Come tutor dovresti dare un'occhiata alle loro attività.

Il prossimo passo sarà per te come tutor stabilire un budget per i tuoi figli. I bambini, non importa quanto siano giovani, hanno la capacità di tenere un quaderno in cui possono annotare i soldi che hanno e i soldi che hanno speso.

Assicurati che i tuoi figli conoscano i loro obiettivi futuri e dovresti assicurarti che li raggiungano.

Man mano che il bambino cresce e matura, apri un conto di risparmio per loro. Rimarrai stupito dal senso di responsabilità che otterranno! È molto soddisfacente vedere come si somma l'interesse composto. Fai il un passo in più mostrando a tuo figlio come aumenta il conto. Mostragli che se continua a lavorare sodo, quante cifre potrà arrivare il suo contodopo pochi anni.

Fai che svolgono un ruolo importante, mentre si fa un acquisto importante, come ad esempio una lavastoviglie o una macchina. Lasciate che si sappia che la quantità di ricerche effettuate su un nuovo acquisto. Il confronto degli sconti e il processo di negoziazione sono importanti e lo imparerai. Assicurati che tuo figlio ti accompagnerà il giorno stesso dell'acquisto.

I tuoi figli avranno il privilegio se hanno un dono per il mondo degli affari. Aumentare il valore delle azioni e nel tempo se iniziano a possedere azioni potrebbe migliorare. L'aumento e la caduta dei prezzi sarebbe interessante per i giovani investitori. Quindi dobbiamo loro piena libertà.

Capitolo 11: Indipendenza finanziaria per gli anziani

Il programma di mutuo inverso avviato dal governo è stato una benedizione per molti anziani. Il piano, che consente alle persone di età pari o superiore a 62 anni di scambiare una parte del loro capitale proprio con denaro esente da imposte e non deve essere rimborsato mentre sono in vita, rende conveniente per loro condurre una vita piena e senza compromessi anche quando gran parte del paese è afflitto dall'aumento delle spese in tutte le sfere della vita.

Inoltre, gli effetti di tali spese si moltiplicano quando si tratta delle generazioni più anziane, perché devono affrontare non solo le tasse sulla proprietà, ma anche le spese generali come la salute e la casa.

Pertanto, questo finisce per rendere la vita degli anziani qualcosa di meno rilassato e calmo.

L'aumento delle tasse sulla terra sta diventando un peso per questi anziani. È particolarmente problematico per i professionisti in pensione per i quali due mesi di risparmi equivalgono a una piccola quantità di tasse da pagare.

Questo problema fiscale sta diventando la causa di molti di loro che lasciano la propria casa da 20 a 30 anni, a causa dell'incapacità di pagare. È qui che Kaye Financial Corporation, una delle principali società di mutui del Michigan, è stata di grande aiuto per queste persone anziane.

In considerazione del fatto che la maggior parte di queste persone è costretta a sopravvivere con un determinato reddito, è costretta a impegnarsi in importanti fattori della propria vita per far fronte agli affitti delle case.

Ma ora con questo nuovo regime di ipoteca inversa, possono usare i soldi extra per vivere una vita piena, senza preoccuparsi di come ottenere risorse per sopravvivere, anche dopo il pensionamento.

Ciò è particolarmente utile perché il denaro viene fornito in base alle esigenze della persona. Può essere inviato nella sua interezza in grandi quantità, una volta al mese o in piccole quantità quando necessario.

Pertanto, questo diventa vantaggioso per tutti in base alle loro esigenze.

Inoltre, poiché la maggior parte dei prestiti è al di fuori dei limiti degli anziani, il prestito inverso arriva come una notizia confortante, dal momento che non richiede requisiti di reddito, salute o età previsti per richiederlo. Pertanto, questi piani forniscono agli anziani un senso di benessere, libertà e sicurezza.

Inoltre, possono utilizzare i soldi che provengono da questo piano di mutuo inverso per pagare tasse, affitti, bollette e altre spese come il mutuo, in modo da condurre una vita senza impegni. Quindi si può dire che il piano di mutuo inverso è quindi la cosa migliore che avrebbe potuto accadere a questi cittadini più anziani, poiché ora saranno in grado di continuare a vivere la loro vita al massimo dei loro desideri.

Capitolo 12: Indipendenza finanziaria e pianificazione pensionistica

L'indipendenza finanziaria è essenziale per tutti noi dopo il pensionamento. Vogliamo tutti una vita confortevole e rilassata durante la nostra vecchiaia. Sfortunatamente, la maggior parte di noi non può avere il tipo di vita che desideravamo dopo aver lasciato il lavoro, semplicemente per mancanza di denaro.

In varie situazioni, le persone devono continuare a lavorare anche dopo il pensionamento, semplicemente per soddisfare le esigenze di base. La sfortunata circostanza avrebbe potuto essere diversa con un certo investimento e preparazione accurati e facili.

Ciò può permetterti un indipendenza economica e una vita migliore in un'età più avanzata.

1. La posizione a cui aspiri alla fine - Ricorda che la sezione vitale di qualsiasi piano di vecchiaia è capire la posizione che desideri nella parte successiva della vita. La maggior parte di noi non ha idea della vita che desideriamo nella vecchiaia, quindi saltiamo negli schemi della vecchiaia senza un obiettivo mentale specifico fissato nella nostra mente.

2. Lista dei desideri - Proprio come non guidi un'auto senza avere idea di dove vuoi andare, non pianificare senza pensare. Quando prendi un piano di pensionamento, elenca tutti quelli che vuoi avere dopo aver lasciato il lavoro. Elenca il tipo di residenza

che desideri, il tipo di auto che desideri, il tipo di vita che desideri e così via. Non perderti nulla. Annota tutto nei minimi dettagli.

3. Conservare il foglio di carta in un luogo più accessibile. In questo modo puoi vederlo il più possibile. Questo processo stabilirà gradualmente nei tuoi livelli mentali gli obiettivi che hai per dopo la pensione e la vecchiaia. Quindi gradualmente formerai concetti per raggiungere quegli obiettivi semplicemente vedendoli e possederli mentalmente.

4. Calcola il denaro necessario per gli obiettivi-Calcola l'importo del finanziamento necessario per raggiungere gli obiettivi. Quindi cerca asset e politiche di investimento, che possono portarti alla posizione. Ti suggeriscono un piano pensionee progetti per la vecchiaia. Allora sarai in completo controllo del futuro.

COME OTTENERE LA VERA LIBERTÀ FINANZIARIA

La maggior parte di noi lascia i diversi aspetti dei piani di vecchiaia a una società per la cura del denaro. Ma lo gestisci tu stesso. Scopri i libri che trattano delle politiche di investimento e come fare soldi.

Questi punti possono aiutare a raggiungere una vita economica e libera negli ultimi anni.

Capitolo 13: La libertà ha un prezzo

Per chiunque abbia intenzione di avviare un'attività in casa, ci sono alcune condizioni e avvertenze di base che vengono stampate in dettaglio e che i potenziali reclutatori non dicono mai molto. Ma è indispensabile che prestino la dovuta attenzione a queste verità fondamentali.

In primo luogo, ricordare che si deve sempre fare qualche sacrificio. Dovrai spendere soldi, tempo ed energia per far decollare qualsiasi azienda. La maggior parte dei recruiter travisa l'opportunità quando insistono sul fatto che chiunque può farlo, per non parlare dell'elevato tasso di fallimento.

Ciò significa che dovresti sacrificare una parte o la maggior parte del tempo che altrimenti trascorreresti facendo le cose che ti piacciono o in compagnia di amici e familiari. Questo produrrà stress e risentimento ed ecco quindi la necessità di prepararsi in anticipo.

Inoltre, avrai bisogno dell'energia extra, oltre la tua normale quota per il tuo normale lavoro, famiglia e casa, per fare le cose che ti servono per la tua attività. Quindi devi sfruttare le tue riserve extra: costruisci la tua unità per avere successo e rimanere motivato dicendo a te stesso che tutto varrà la pena nel lungo periodo.

Per quanto riguarda i sacrifici finanziari, ci sono modi per assorbire gradualmente il carico o addirittura eliminarlo del tutto, ma in anticipo, devi spendere un po' di denaro per far andare le cose.

La strategia è quella di poter vedere questi sacrifici come qualcosa di positivo e produttivo. Quindi devi essere ottimista e considerarli come investimenti per il tuo futuro e la tua indipendenza.

Considerare i vantaggi di saggezza e forza: non scoraggiatevi di fronte ai problemi iniziali, ma impara da loro. Puoi rendere i tuoi sacrifici e fallimenti la base del tuo successo.

Il tuo successo è quello che fai e dai a te stesso. Puoi considerarlo come la tua ricompensa, come qualcosa che è già stato fatto a tuo nome, ma la tua parte è meritarlo, renderlo tuo. Quindi esci e cerca il tuo successo che ti sta aspettando! Ci saranno momenti in cui sarai messo alla prova, ma devi stringere i denti, stringere i pugni e opprimere. In momenti come questi, basta semplicemente chiudere la mente a tutti gli elementi negativi e premere per tenere a mente l'obiettivo e la visione.

Tutto questo è molto più facile da dire che da fare, ma è anche la strada lunga e difficile che devi percorrere per avere successo.

Capitolo 14: Definizione degli obiettivi per l'indipendenza finanziaria

Il primo passo che dovresti fare mentre gestisci i tuoi soldi è avere un obiettivo finanziario. Il nuovo anno è un momento ideale che ti aiuterà a prendere alcune decisioni importanti. È tempo di rivedere i tuoi obiettivi finanziari. I tuoi obiettivi ti aiuteranno a rimanere in pista con le tue finanze.

Dovresti avere qualcosa su cui lavorare ogni giorno. Dovresti avere un budget pianificato e utilizzare questi obiettivi che hai impostato come mappa. Questi obiettivi finanziari ti aiutano a motivarti e ti incoraggiano a risparmiare. Senza un piano adeguato è difficile arrivare ovunque, quindi è importante essere ben gestiti.

Nel caso in cui non si abbia un obiettivo finanziario, non è mai possibile raggiungere l'indipendenza finanziaria. Devi mettere nero su bianco le cose che vuoi realizzare. Fai un elenco delle cose che vuoi. La tua lista può iniziare con il primo passo di essere senza debito; Puoi ancora doverlo fare avviando un conto pensionistico, risparmiando abbastanza da sponsorizzare una casa per te e altre esigenze di base.

Non lasciatevi prendere dalla pigrizia, ma includete tutto nella vostra pianificazione finanziaria. Sia che si vogliono comprare mobili nuovi o che tu voglia fare un viaggioin Europa, includi tutto come bene.

Questi sono obiettivi di denaro raggiungibili. Assicurati di dare la priorità ai tuoi desideri. Dovrebbe sfrecciare e rendersi conto che uscire dal debito è della massima urgenza, mentre un giro in Europa può aspettarsi.

Ci sono alcuni obiettivi su cui lavoriamo costantemente e alcuni attendono che vengano raggiunti determinati obiettivi prima che possano essere realizzati. È importante stabilire termini per il raggiungimento degli obiettivi.

Prendiamo ad esempio di avere circa 25 anni prima di ripagare il debito, quindi vuoi essere libero dal debito in circa 6 anni. Lavora in modo sensibile sui tuoi obiettivi. Ricorda che sei sempre aperto a modificarli.

Il tuo prossimo passo sarebbe quello di dividere i tuoi obiettivi in obiettivi a breve termine. Quando dividiamo un grande compito in piccoli passi, ci aiuta a realizzarli meglio. Rende il compito più semplice. Vediamo come funzionerebbe per liberarci dal debito. Dobbiamo fare un compito alla volta.

Successi e prosperità!

Visita la nostra pagina degli autori su Amazon! E ottenere più libri di MENTES LIBRES!

https://www.amazon.it/MENTES-LIBRES/e/B08274DDV4?ref_=dbs_p_ebk_r00_abau_000000

Se lo desiderate, potete lasciare il vostro commento su questo libro cliccando sul seguente link in modo che possiamo continuare a crescere! Grazie mille per il vostro acquisto!

https://www.amazon.it/dp/B089N92TBZ

www.ingramcontent.com/pod-product-compliance
Lightning Source LLC
Chambersburg PA
CBHW071121240526
45465CB00022B/740